ZauberOrte DichterWorte

Unterwegs an der Donau zwischen Donaueschingen, Tuttlingen und Beuron

Gedichte und Bilder zum Träumen

Bild- und Textauswahl:
Uli Betz und Michael Greuter

Fotos:
Herbert Teufel und Harald Tolksdorf

Verlag Michael Greuter

Ein Traum,
Ein Traum ist unser Leben
Auf Erden hier.
Wie Schatten auf den Wogen schweben
Und schwinden wir
Und messen unsere trägen Tritte
Nach Raum und Zeit
Und sind
Und wissen's nicht
In Mitte
Der Ewigkeit.

"Ein Traum"
Johann Gottfried Herder
(1744 – 1803)

Wer recht in Freuden wandern will,
Der geh' der Sonn' entgegen;
Da ist der Wald so kirchenstill,
Kein Lüftchen mag sich regen;
Noch sind nicht die Lerchen wach,
Nur im hohen Gras der Bach
Singt leise den Morgensegen.

Die ganze Welt ist wie ein Buch,
Darin uns aufgeschrieben
In bunten Zeilen manch ein Spruch,
Wie Gott uns treu geblieben;
Wald und Blumen nah und fern
Und der helle Morgenstern
Sind Zeugen von seinem Lieben.

aus "Morgenwanderung"
Emanuel Geibel
(1815 – 1884)

Abend ward's und wurde Morgen,
Nimmer, nimmer stand ich still,
Aber immer blieb's verborgen,
Was ich suche, was ich will.

Berge lagen mir im Wege,
Ströme hemmten meinen Fuß,
Über Schlünde baut ich Stege,
Brücken durch den wilden Fluß.

Und zu eines Stroms Gestaden
Kam ich, der nach Morgen floß,
Froh vertrauend seinem Faden,
Werf ich mich in seinen Schoß.

Hin zu einem großen Meere
Trieb mich seiner Wellen Spiel,
Vor mir liegt's in weiter Leere,
Näher bin ich nicht dem Ziel.

Ach, kein Steg will dahin führen,
Ach, der Himmel über mir
Will die Erde nie berühren,
Und das Dort ist niemals Hier.

aus "Der Pilgrim"
Friedrich Schiller
(1759 – 1805)

6 / 7 Donau bei Neudingen

Ich liege beschaulich
an klingender Quelle
und senke vertraulich
den Blick in die Welle;
Ich such in den Schäumen,
weiß selbst nicht, wonach?
Verschollenes Träumen
wird in mir wach!

Da kommt es gefahren
mit lächelndem Munde
vorüber im klaren
kristallenen Grunde
das alte, vertraute,
das Weltangesicht!
Sein Aug auf mich schaute
mit tiefblauem Licht.

Wohin ist's geschwommen
im Wellengewimmel?
Woher ist's gekommen?
Vom blauenden Himmel!
Denn als ich ins Weben
der Luft hab gesehn,
da sah ich noch eben
es dort vergehn!

aus "Am Wasser"
Gottfried Keller
(1819 – 1890)

 Unterhölzer Weiher bei Neudingen

Der Winter ging, der Sommer kam.
Er bringt aufs neue wieder
Den vielgeliebten Wunderkram
Der Blumen und der Lieder.

Wie das so wechselt Jahr um Jahr,
Betracht ich fast mit Sorgen.
Was lebte, starb, was ist, es war,
Und heute wird zu morgen.

Stets muß die Bildnerin Natur
Den alten Ton benützen,
In Haus und Garten, Wald und Flur,
Zu ihren neuen Skizzen.

"Immer wieder"
Wilhelm Busch
(1832 – 1908)

Auf Wogen
Gezogen
Von Klängen,
Gesängen,
Durch Strahlen gelenkt:
Die Wellen,
Die hellen
Gewölke,
Von Morgenröte getränkt.

Die Töne,
Die Schwäne,
Die säuselnden Lüfte,
Die blumigen Düfte,
Sich alles zum Gruße
Entgegen mir drängt.

Ohn Sorgen
Nur weiter,
Wie heiter
Der Morgen!
Fließ Bächlein,
Fahr' Schifflein
Ohn' Sorgen
Nur weiter,
Begegnet doch alles
Wie Schicksal verhängt.

"Schifferlied der Wasserfee"
Ludwig Tieck
(1773 – 1853)

Das war ein Garten, wunderschön,
Da wollt ich lustig mich ergehn;
Viel schöne Blumen sahn mich an,
Ich hatte meine Freude dran.

Es zwitscherten die Vögelein
Viel muntre Liebesmelodei'n;
Die Sonne rot, von Gold umstrahlt,
Die Blumen lustig bunt bemalt.

Viel Balsamduft aus Kräutern rinnt,
Die Lüfte wehen lieb und lind;
Und alles schimmert, alles lacht,
Und zeigt mir freundlich seine Pracht.

aus "Traumbilder"
Heinrich Heine
(1797 – 1856)

Gewaltig endet so das Jahr
Mit goldnem Wein und Frucht der Gärten.
Rund schweigen Wälder wunderbar
Und sind des Einsamen Gefährten.

Da sagt der Landmann: Es ist gut.
Ihr Abendglocken lang und leise
Gebt noch zum Ende frohen Mut.
Ein Vogelzug grüßt auf der Reise.

Es ist der Liebe milde Zeit.
Im Kahn den blauen Fluß hinunter
Wie schön sich Bild an Bildchen reiht -
Das geht in Ruh und Schweigen unter.

"Verklärter Herbst"
Georg Trakl
(1887 – 1914)

In dämmrigen Grüften
Träumte ich lang
Von deinen Bäumen und blauen Lüften,
Von deinem Duft und Vogelgesang.

Nun liegst du erschlossen
In Gleiß und Zier
Von Licht übergossen
Wie ein Wunder vor mir.

Du kennst mich wieder,
Du lockst mich zart
Es zittert durch all meine Glieder
Deine selige Gegenwart.

"Frühling"
Hermann Hesse
(1877 – 1962)

Du murmelst so, mein Fluß, warum?
Du trägst seit alten Tagen
Ein seltsam Märchen mit dir um,
Und mühst dich, es zu sagen;
Du eilst so sehr und läufst so sehr,
Als müßtest du im Land umher,
Man weiß nicht wen, drum fragen.

Der Himmel blau und kinderrein,
Worin die Wellen singen,
Der Himmel ist die Seele dein:
Oh, laß mich ihn durchdringen!
Ich tauche mich mit Geist und Sinn
Durch die vertiefte Bläue hin,
Und kann sie nicht erschwingen!

aus "Mein Fluß"
Eduard Mörike
(1804 – 1875)

Der hohe Himmel blaut,
Die Berge strahlen laut.
Es ist, als ob die Weltenachse klingt.
Die Bäche ziehn zu Tal,
Sie schäumen auf im Strahl,
Und keiner ist, der nicht im Sturze singt.

Was ist es, das da lebt,
Hinauf – hinunterstrebt?
Wer bist du? stammeln meine Lippen leis.
Du wirkst nicht außer mir,
Ich habe Teil an dir
Und schwinge mit in deinem großen Kreis.

Ich lebe aufgeglüht,
So wie der Sturzbach sprüht,
Der strömen, nichts als strömen, strömen will.
Weiß nicht, wohin es geht,
Ich hör nur, wie sich's dreht,
Und vor dem Wunder wird die Frage still.

"Mittagsmelodie"
Emanuel von Bodman
(1874 – 1946)

Sahst du ein Glück vorübergehn,
Das nie sich wiederfindet,
Ist's gut in einen Strom zu sehn,
Wo alles wogt und schwindet.

O! starre nur hinein, hinein,
Du wirst es leichter missen,
Was dir, und soll's dein Liebstes sein,
Vom Herzen ward gerissen.

Blick unverwandt hinab zum Fluß,
Bis deine Tränen fallen,
Und sieh durch ihren warmen Guß
Die Flut hinunterwallen.

Hinträumend wird Vergessenheit
Des Herzens Wunde schließen;
Die Seele sieht mit ihrem Leid
Sich selbst vorüberfließen.

"Blick in den Strom"
Nikolaus Lenau
(1802 – 1850)

Des Menschen Seele
Gleicht dem Wasser:
Vom Himmel kommt es,
Zum Himmel steigt es,
Und wieder nieder
Zur Erde muß es,
Ewig wechselnd.

Strömt von der hohen,
Steilen Felswand
Der reine Strahl,
Dann stäubt er lieblich
In Wolkenwellen
Zum glatten Fels,
Und leicht empfangen,
Wallt er verschleiernd,
Leisrauschend
Zur Tiefe nieder.

Seele des Menschen,
Wie gleichst du dem Wasser!
Schicksal des Menschen,
Wie gleichst du dem Wind!

aus "Gesang der Geister über den Wassern"
Johann Wolfgang von Goethe
(1749 – 1832)

 Blick auf Schloss Bronnen

Auf alle Höhen
Da wollt ich steigen,
Zu allen Tiefen
Mich niederneigen.
Das Nah und Ferne
Wollt ich erkünden,
Geheimste Wunder
Wollt ich ergründen.
Gewaltig Sehnen,
Unendlich Schweifen,
Im ewgen Streben
Ein Nieergreifen –
Das war mein Leben.

Nun ist's geschehen –
Aus allen Räumen
Hab ich gewonnen
Ein holdes Träumen.
Nun sind umschlossen
Im engsten Ringe,
Im stillsten Herzen
Weltweite Dinge.
Lichtblauer Schleier
Sank nieder leise;
In Liebesweben,
Goldzauberkreise –
Ist nun mein Leben.

"Beruhigung"
Wilhelm Raabe
(1831 – 1910)

In der Heimat ist es schön,
Auf der Berge lichten Höhn,
Auf den schroffen Felsenpfaden,
Auf der Fluren grünen Saaten,
Wo die Herden weidend gehen.
In der Heimat ist es schön.

In der Heimat ist es schön,
Wo die Lüfte sanfter wehn,
Wo des Baches Silberwelle
Murmelnd eilt von Stell' zu Stelle,
Wo der Eltern Häuser stehn.
In der Heimat ist es schön.

aus dem Volkslied
"In der Heimat ist es schön"

 Vom Knopfmacherfelsen Richtung Beuron

Ich lebe mein Leben
In wachsenden Ringen,
Die sich über die Dinge ziehn.
Ich werde den letzten
Vielleicht nicht vollbringen,
Aber versuchen
Will ich ihn.

Ich kreise um Gott,
Um den uralten Turm,
Und ich kreise
Jahrtausendelang;
Und ich weiß noch nicht:
bin ich ein Falke, ein Sturm
oder ein großer Gesang.

aus "Das Buch vom
mönchischen Leben"
Rainer Maria Rilke
(1875 – 1926)

Auf du junger Wandersmann,
Jetzo kommt die Zeit heran,
Die Wanderzeit, die gibt uns Freud.
Woll'n uns auf die Fahrt begeben,
Das ist unser schönstes Leben,
Große Wasser, Berg und Tal
Anzuschauen überall.

An dem schönen Donaufluß
Findet man ja seine Lust
Und seine Freud auf grüner Heid.
Wo die Vöglein lieblich singen
Und die Hirschlein fröhlich springen.

Auf ihr Brüder laßt uns reisen,
Unserm Herrgott Dank erweisen
Für die fröhlich Wanderzeit
Hier und in die Ewigkeit.

aus dem Volkslied
"Auf du junger Wandersmann"

 Blick zur Burg Wildenstein

Auf diesem Hügel überseh' ich meine Welt!
Hinab ins Tal mit Rasen sanft begleitet,
Vom Weg durchzogen, der hinüberleitet,
Das weiße Haus inmitten aufgestellt,
Was ist's, woran sich hier der Sinn gefällt?

Auf diesem Hügel überseh' ich meine Welt!
Erstieg ich auch der Länder steilste Höhen,
Von wo ich könnt' die Schiffe fahren sehen
Und Städte fern und nah von Bergen stolz umstellt,
Nichts ist's, was mir den Blick gefesselt hält.

Auf diesem Hügel überseh' ich meine Welt!
Und könnt' ich Paradiese überschauen,
Ich sehnte mich zurück nach jenen Auen,
Wo deines Daches Zinne meinem Blick sich stellt,
Denn der allein umgrenzet meine Welt!

Bettina von Arnim
(1785 – 1859)

 Blick vom Eichfelsen auf Werenwag

Laue Luft kommt blau geflossen,
Frühling, Frühling soll es sein!
Waldwärts Hörnerklang geschossen,
Mut'ger Augen lichter Schein;
Und das Wirren bunt und bunter
Wird ein magisch wilder Fluß,
In die schöne Welt hinunter
Lockt dich dieses Stromes Gruß.

Und ich mag mich nicht bewahren!
Weit von euch treibt mich der Wind,
Auf dem Strome will ich fahren,
Von dem Glanze selig blind!
Tausend Stimmen lockend schlagen,
Hoch Aurora flammend weht,
Fahre zu! ich mag nicht fragen,
Wo die Fahrt zu Ende geht!

"Frische Fahrt"
Joseph von Eichendorff
(1788 – 1857)

BILDNACHWEIS:

Herbert Teufel: Seiten 4/5, 6/7, 8/9, 10/11, 12/13, 14/15, 16/17, 18/19, 20/21, 22/23, 24/25, 26/27, 28/29, 32/33, 34/35, 36/37

Harald Tolksdorf: Seiten 2/3, 30/31, 38/39

TEXTNACHWEIS:

Der Abdruck des Gedichts "Mittagsmelodie" von Emanuel von Bodman erfolgt mit freundlicher Genehmigung von Wilderich Graf von Bodman.

"Frühling" aus Hermann Hesse, "Sämtliche Werke" Band 10: Die Gedichte © Suhrkamp Verlag 2002

In jenen Fällen, in denen es nicht möglich war, den Rechtsinhaber bzw. -nachfolger zu ermitteln, konnte ausnahmsweise keine Nachdruckerlaubnis eingeholt werden. Honoraransprüche der Rechtsinhaber bzw. deren Erben bleiben gewährleistet.

IMPRESSUM:

Satz und Gestaltung: ScanCompany, Möhrle & Petek, 78315 Radolfzell
Druck: Druckerei Uhl, 78315 Radolfzell

ISBN: 3-9806273-9-X